VENTE

DU 23 DÉCEMBRE 1898

HOTEL DROUOT, SALLE Nº I

TABLEAUX

MODERNES

AQUARELLES, PASTELS, DESSINS

COMMISSAIRES-PRISEURS

Mᵉ P. CHEVALLIER | **Mᵉ P. LEMOINE**
10, rue Grange-Batelière | rue Lafayette, 91

EXPERT

M. MOLINE, 20, rue Laffitte

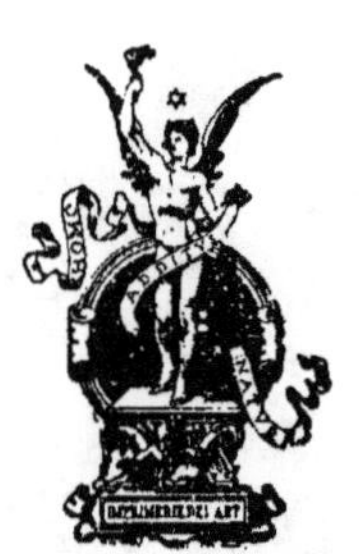

CATALOGUE

DE

TABLEAUX

MODERNES

Par

BOUDIN, BERNE-BELLECOUR, BONVIN, KARL DAUBIGNY
ED. DETAILLE, H. DUPRAY, GUILLAUMIN
CH. JACQUE, H. LÉVY, LUMINAIS, MADRAZO, A. DE NEUVILLE, OLIVE
ROYBET, A. STEVENS, VEYRASSAT, VOLLON, ETC.

AQUARELLES, PASTELS, DESSINS

Par

DUBUFE, JOSÉ FRAPPA, GRÉVIN, HERVIER, MONTENARD
DE NEUVILLE, STEINLEN, VIBERT, WILLETTE, ETC.

DONT LA VENTE AURA LIEU

Par suite de faillite

En vertu d'ordonnance de M. le Juge-Commissaire

HOTEL DROUOT, SALLE N° 1

Le Vendredi 23 Décembre 1898

A DEUX HEURES

COMMISSAIRES-PRISEURS

Me PAUL CHEVALLIER | **Me PAUL LEMOINE**
10, rue Grange-Batelière | rue Lafayette, 91

EXPERT

M. MOLINE, rue Laffitte, 20

EXPOSITION PUBLIQUE

Le Jeudi 22 Décembre 1898, de 1 heure 1/2 à 5 heures 1/2

CONDITIONS DE LA VENTE

Elle sera faite au comptant.

Les adjudicataires paieront *cinq pour cent* en sus des enchères.

Paris. — Imp. de l'Art. E. MOREAU et Cie, 41, rue de la Victoire.

DÉSIGNATION

TABLEAUX MODERNES

AUGUIN

1 — *Pointe de Grave.*

BAIL

2 — *Fillette et Chat.*

BALLUE

3 — *Paysage.*

BERNE-BELLECOUR

4 — *Batterie en campagne.*

BRAQUAVAL

5 — *Marché à Béthune.*

6 — *Marché à Abbeville.*

7 — *Procession à Abbeville.*

8 — *Marché à Beauvais.*

BENAR

9 — Épisode de la guerre de 1870.

BOILLY (Attribué à)

10 — Intérieur.

BONVIN

11 — Nature morte.

BOUDIN (E.)

12 — Moulin de Saint-Cénery.

BOULARD

13 — Les Pêcheurs.

BRÉAUTÉ

14 — Buste de Jeune Femme.

BRETON (ÉMILE)

15 — Paysage.

DAMOYE

16 — Saint-Denis.

DAUBIGNY (KARL)

17 — Pêcheurs à marée basse.

DELPY

18 — Marine.

DESHAYES

19 — *Personnages.*

DESVARREUX

20 — *Troupeau de moutons sous bois.*

DETAILLE (Édouard)

21 — *Voiture d'ambulance.*

22 — *Cheval blessé.*

23 — *Deux Blessés.*

24 — *Entrée d'une ambulance.*

25 — *En Cacolet.*

26 — *Transport de blessés.*

27 — *Transport de blessés.*

(Fragments du panorama de Rezonville.)

DUFEU

28 — *La Salute. (Venise.)*

DUPRAY (H.)

29 — *Artilleurs de forteresse.*

ÉCOLE MODERNE

30 — *La Meule.*

ÉCOLE MODERNE

31 à 35 — Cinq peintures diverses.

FOUACE

36 — *La Grand'Mère.*

37 — *L'Écaillère.*

GARRIDO

38 — *Tête de Femme.*

GŒNEUTTE

39 — *Sous la tonnelle.*

GUILLAUMIN

40 — *Bord de la Seine, à Paris.*

JACQUE (Ch.)

41 — *Effet d'orage.*

JOUBERT

42 — *Vue de Vétheuil (Seine-et-Oise.)*

LÉVY (Henri)

43 — *Une Épave.*

LUMINAIS

44 — *Amazone.*

45 — *Étude pour la décoration de la Bourse du Commerce.*

46 — *La Mort de Chramm.*
    Étude.

47 — *Étude de Gaulois.*

MADRAZO (R. DE)

48 — *Femme au masque.*

MARCHETTI

49 — *Officier italien.*

MARTIN (ÉTIENNE)

50 — *Village en Provence.*

NARDI

51 — *Port de Toulon.*

NEUVILLE (A. DE)

52 — *Garibaldi à la tête des Mille.*

Tableau très important.
Signé à gauche 1860.

OLIVE

53 — *Le Tréport.*

54 — *Carry (près Marseille).*

55 — *Port de Toulon.*

56 — *Vue de Beaulieu.*

PARISY (EUG.)

57 — *Nature morte.*

PATTEIN (César)

58 — *Pivoines.*

RAVANNE

59 — *Falaise. Soleil couchant.*

RETZ (de)

60 — *Enfant dans un paysage.*

RIBOT (Attribué à)

61 — *Tricoteuse.*

RIBOT (Germain)

62 — *Cuisinier.*

ROYBET

63 — *Massacre dans l'église de Nesles.*
Étude pour le grand tableau.

ROYBET

64 — *Nature morte.*

RUBENS (Attribué à)

65 — *Sujet religieux.*

STEVENS (A.)

66 — *Marine.*
67 — *Pleine Mer.*

VAN SCHOUTEN

68 — *Vaches au pâturage.*

69 — *Paysage et Vaches.*

70 — *Paysage et Vaches.*

VEYRASSAT

71 — *Étude.*

VOLLON (A.)

72 — *L'Ane de Mers.*

WASHINGTON

73 — *Scène d'Algérie.*

AQUARELLES
PASTELS, DESSINS

BÉNASSIT

74 — *Amoureux surpris.*
Aquarelle.

BRUNINI

75 — *Buste de Femme.*
Pastel.

CHARPENTIER (Eug.)

76 — *Soldat en marche.*

Dessin.

CHAIGNEAU

77 — *Paysage et Moutons.*

Dessin.

DUBUFE (Fils)

78 — *Amour.*

Aquarelle.

FRAPPA (José)

79 — *Premier Cigare.*

Pastel.

GRÉVIN

80 — *Tu m'aimes dis... etc.*

Dessin à la plume.

GARNIER (J.)

81 — *Une Réunion publique.*

Dessin.

HERVIER

82 — *Croquis et Autographes.*

Dessin rehaussé.

LUMINAIS

83 — *Types de Bretons.*

LUMINAIS

84 — *Types de Bretons.*

85 — *Le sac de la ville.*
Dessins.

86 — *6 Études.*
Dessins.

87 — *Étude d'homme dans une barque.*
Dessin.

MONTENARD

88 — *En Provence.*
Pastel.

NEUVILLE (Alph. de)

89 — *Croquis d'officiers anglais.*
Dessin à la plume.

PAL

90 — *Couverture du journal « L'Amateur ».*
Dessin à la plume.

PINCHART

91 — *Moïse sauvé des eaux.*
Dessin au crayon.

STEINLEN

92 — . . . .

    Il fait le peintre
    Quel malheur ! Le père qu'était
      Un si brave homme !
Dessin.

STEINLEN

93 — *L'Amateur.*
Dessin.

94 — *L'Amateur.*
Dessin.

VIBERT (J.-G.)

95 — *Arlequin.*
Aquarelle.

WILLMS

96 — *Chiens d'arrêt.*
Aquarelle.

WILLETTE

97 — *La Mort chasseur.*
Dessin à la plume.

98 — *Éventail.*
Lithographie.

99 — *Frago·Watteau.*
Dessin à la plume.

---

100 — Un lot de cadres dorés, chevalets, chaises, fauteuils, bureaux, coffre-fort, appareils d'éclairage à l'électricité, salamandre, tapis, tentures, etc.